Gert von Kunhardt · Kleiner Aufwand große Wirkung

Gert von Kunhardt

# Kleiner Aufwand große Wirkung

## Phänomen Trampolin

Vivavital-Verlag, Köln

Die Deutsche Bibliothek - CIP-Einheitsaufnahme

**Kunhardt, Gert** von:
Kleiner Aufwand große Wirkung: Phänomen Trampolin
- 1. Aufl. - Köln : Vivavital-Verlag, 1996
ISBN 3-00-001167-6


1. Auflage 1996
ISBN 3-00-001167-6
© 1995 by Vivavital-Verlag, D-51147 Köln
Illustrationen: Karl Bihlmeier
Umschlagfoto: Ira Meister
Umschlagentwurf: Vivavital-Design, Köln
Printed in Germany

**Inhalt**

Vorwort 7

**Teil I    Grundlagen**

Das kommt uns sehr entgegen 11
Die NASA entdeckte es 15
Außerordentlich empfehlenswert 19
Phänomenales Ergebnis 23
Die Bandscheibenproblematik 27
Walkende Bewegung 31
Nicht von heut' auf morgen 35
Überraschende Gewinne 37
Der Erinnerungseffekt 40

**Teil II    Praktisches Training**

Vor dem Training 45
Grundsätzliches
Sicherheitshinweise 47
Allgemeine Hinweise 51
Vorübungen 53
Trainingsprogramm
Aufwärmphase 55
Laufübungen 59
Schwungübungen 62
Variationsübungen 65
Variationen mit Zusatzgeräten 72

*"Es gibt viel zu tun - packen wir's an!"*
Werbeslogan der ESSO AG, August 1974

**Vorwort**

In der Skala der Krankheitsverursacher der Zukunft steht Streß als Auslöser Nr. 1 einsam an der Spitze. Schon heute klagen Millionen Betroffener unter Verspannungen, Schlafstörungen etc., Migräneanfälle häufen sich. Allergische Reaktionen, vor Jahren eine gesundheitliche Randerscheinung, nehmen rasant zu.

Umwelteinflüsse werden als Ursache ins Visier genommen, globale Gegenmaßnahmen gefordert. So werden z. B. Antirauch-Kampagnien mit dem Hinweis begründet, daß von den ca. 4.000 giftigen Substanzen einer Zigarette 38 karzinogen (krebsauslösend) sind.

Aber weitaus gefährlicher sind die epidemieartig ansteigenden Schäden durch den chronischen Bewegungsmangel. Dabei fallen neben Herz-Kreislauf-Erkrankungen und arthrotischen Leiden, das sich dramatisch verschlechternde Immunsystem auf.

Unter vielen Möglichkeiten, dem Negativtrend erfolgreich entgegenzutreten, steht das Trampolinschwingen plötzlich im Blickfeld der Experten.

Weshalb? Es erlaubt schonende Belastungen und ist daher besonders dann als Trainingsmöglichkeit geeignet, wenn Rückenbeschwerden und Gelenkprobleme andere Bewegungsformen stark einschränken. Zudem hat es Antistreß-Charakter, d.h. es entstreßt in körperlichem wie seelischem Sinne. **Und es macht Spaß!**

Das Trampolinschwingen hat überraschend günstige Effekte. Darüber soll hier gesprochen werden.

Wenn sich dieses Buch nur auf ein einziges Trainingsgerät, nämlich das Minitrampolin konzentriert, dann deswegen, weil es Eigenschaften aufweist, die es zusätzlich solchen Menschen leicht macht - hier sind auch ältere und alte Menschen gemeint -, in Bewegung zu kommen, die es bislang, trotz bestem Willen auf anderem Wege nicht geschafft haben.

# Teil I
# Grundlagen

*"Aus der Not eine Tugend machen"*
Kirchenvater Hieronymus, 331-430
in "Apologia adversus libros Rufun" III, 2

## Das kommt uns sehr entgegen

Von vielen Geräten, die im Spitzen- und im Breitensport ausprobiert, angewandt und auch empfohlen worden sind, ist in letzter Zeit ein Gerät aufgefallen, welches in vielerlei Hinsicht optimierte Bedingungen bietet: Das hochelastische Minitrampolin!

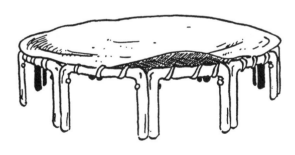

Damit sind nicht jene mit Spiralfedern versehenen und schon in Massen unters Volk gebrachte Billig-Trampolins gemeint. Es geht um bauähnliche, jedoch mit Elastikbändern bespannte Minitramps. Sie unterscheiden sich durch eine deutlich verbesserte Schwingungsamplitude, so daß Übungen möglich sind, die bisher Menschen mit Rücken- oder Gelenkproblemen verwehrt bleiben mußten.

Auf den hochelastischen Trampolinen wird das Gewicht weich abgefedert und auch nur sanft beschleunigt. Das erlaubt Geh-, Lauf- und Schwungübungen, sowie tänzerische, spielerische Bewegungsvarianten, die aus orthopädischer Sicht bisher für Patienten mit Bandscheiben- oder Arthrosebeschwerden problematisch waren.

Im Gegensatz zur Druckbelastung beim Laufen oder Gehen, wo die Kraftkurve zwei Peaks (Spitzen) aufweist, entsteht beim Trampolin, aufgrund der elastischen Eigenschaften der Matte, nur ein Maximum.[1] Und dieses eine Maximum an Druckbelastung ist geringer als die jeweils zwei beim Laufen oder Gehen. Daß der Druck in den Hüft-, Knie- und Fußgelenken beim normalen Gehen ansteigt, ist bekannt, weniger, wie hoch er ist: Er verdreifacht sich und nimmt noch einmal um 30 % zu, wenn man statt über die Ferse abzurollen, nur auf den Ballen läuft.[2]

Steht man auf einem Bein, wird die Hüfte um das 3,5-fache mehr belastet. Steigt man Treppen, er-höht sich der Druck aufgrund der Hebelwirkung sogar um das 4- bis 5-fache!

Weil z. B. Arthrotiker (Knorpelverletzungen) während und nach dem Training auf weichen Trampolinen weniger Schmerzen empfinden, hat dieses Training besondere Bedeutung für physiotherapeutische Berufe und eröffnet völlig neue Heilungschancen.

Man unterscheidet prinzipiell drei Trampolingruppen:

> das elastikbandbespannte viereckige Trampolin als Schul- und Leistungssportgerät (es handelt sich hierbei um Sprunghilfen), sowie das 108 cm hohe, 520 cm lange und 305 cm breite große Trampolin,
> das spiralgefederte runde Minitrampolin in Grössen zwischen 90 cm und 150 cm, aber mit nur 15 bis 20 cm Bodenfreiheit (Schwingungseinschränkung!),
> das elastikbandgefederte hochelastische Minitrampolin, ebenfalls in Größen zwischen 90 und 150 cm, jedoch mit einer Bodenfreiheit von mindestens 30 cm (was die weichere, größere Schwingungsamplitude erlaubt).

Wenn im folgenden über die Auswirkungen eines Trainings mittels Minitrampolin gesprochen wird, dann handelt es sich um eben solche elastikbandgefederten hochelastischen Minitramps. Der genauer beschriebene Leistungs- und Wirkungsunterschied wird im folgenden aufgezeigt.

Dieses Minitrampolin hat Eigenschaften, die es leicht machen, aus der Bewegungsmangelsituation mit geringem Aufwand herauszukommen. Es

> hat einen hohen Aufforderungscharakter,
> ist angenehm zu benutzen,
> ist hochwirksam im Ergebnis,
> ist klein,
> ist preiswert und
> spart Zeit.

Das sind alles Bedingungen, die den Wünschen des heutigen accelerierten (beschleunigt lebenden) Menschen und seinem Hang zur Bequemlichkeit sehr entgegenkommen.

1) Birgit Henrichs, Deutsche Sporthochschule Köln, 91, DA 4840, S. 43
2) Christopher Schrader, Hamburg, in "Geo-Wissen" 1/94, S. 60

*"Die Botschaft hör ich wohl, allein mir fehlt der Glaube"*
Goethe 1797 in "Faust", Prolog im Himmel

## Die NASA entdeckte es

Sportliche Übungen auf elastischem Untergrund haben schon eine längere Geschichte. Aber erst, als die Vorbereitung amerikanischer Piloten zum Einsatz für den II. Weltkrieg auch das Trampolin mit einbezog, begann der erstaunliche Siegeszug dieser neuen Bewegungsform. Ursprünglich nur dafür gedacht, Flugzeugführern von wendigen Jagdmaschinen, Körperbeherrschung und Gleichgewichtssinn auch im schwerelosen Zustand zu vermitteln, wurde dieses Training bei der späteren Weltraumfliegerei noch viel notwendiger.

Hier zeigte sich dann zum ersten Mal die geradezu phänomenale Wirkung des "Rebounding", des "zurückfedernden" Trampolinspringens. Man erstellte nämlich seinerzeit für jeden Astronauten-Anwärter einen, seinem individuellen Leistungsvermögen entsprechenden, Trainingsplan.

Solche Astronauten, die nur eine schwache Kondition hatten, bekamen ein erweitertes Konditionstraining verordnet. Jene, die z. B. in der Bewegungskoordination Mängel aufwiesen, wurden vermehrt zum Trampolinspringen verpflichtet.

Überraschenderweise stellte man nach einem bestimmten Trainingszeitraum fest, daß die "Trampolinspringer" eine bessere Gesamtkondition aufwiesen, als die übrigen Kandidaten, die als besonders Bewegungsbegabte keine zusätzlichen Trampolinübungen verordnet bekommen hatten. Das Trampolin-Training ist seitdem fester Bestandteil des NASA-Astronautentrainings.

Im Behindertensport, einschließlich Sehbehinderter, haben Trampolin-Übungen ebenfalls schon lange einen gesicherten therapeutischen Anwendungsbereich. Gleichgewichts- und Koordinationsübungen gehören zum Alltag bewegungsfehlgesteuerter Kinder.[1] Aber auch bei Lernstörungen ist das Trampolin-Training über den Weg der Erhöhung der Körpergeschicklichkeit geeignet, die Integration der Gehirnhälften zu fördern.[2]

Im Alterssport dient das Training besonders zur Verbesserung der Balancefähigkeit.

Auch im Jugendsport erweist sich das Trampolin-Turnen als vielversprechende Trainingsform. Achim Melz berichtet nach einem Versuch mit 828 Volksschulkindern über günstige Effekte auf Schnellkraft und Gleichgewichtsfähigkeit.[3]

Inzwischen haben auch die Spitzensportler das Phänomen Trampolin erkannt. Auf dem Wege der Rehabilitation, der Genesung nach Verletzung und Krankheit, wurde schließlich herausgefunden, daß das Trampolinschwingen die schonendste aller Konditionierungsformen ist.

Damit nicht genug, trainineren Spitzensportler ganz gezielt auf dem Trampolin als "schwankendem Untergrund" um die Präzision in ihrer jeweiligen Disziplin zu verbessern. Von Tennisspielern weiß man, daß ihre vom

Trampolin aus eingeübten Aufschläge dann vom harten Boden in der Praxis des Spiels genauer treffen, weil der Augenmuskel (Vestibularapparat) nicht nur besser durchblutet, sondern durch den beim Training auf dem Trampolin erzeugten "Zwang", ständig neu focussieren und adaptieren zu müssen, leistungsfähiger wird.

Stabhochspringer, Kunstturner, Turmspringer, Bogenschützen, Basketballspieler usw. nutzen mit zunehmender Akzeptanz die segensreichen Auswirkungen des Mediums Trampolin. Schon 1980 wurden bei sowjetischen Skispringern die Wechselwirkungen von Kraft und Geschwindigkeit mittels Sprüngen vom Trampolin trainiert.[4]

Man kann heute ohne Übertreibung sagen, daß das Trampolin-Training die Fitneß-Bewegung im nächsten Jahrzehnt revolutionieren wird, und zwar nicht nur für Spitzensportler, sondern für jeden.

1) Ernst-J. Kiphard, München, "Praxis der Psychotherapie" 1/63, S. 24-32
2) Achim Metz, 1983 DA, "Der Einfluß des Trampolinspringens auf ausgewählte konditionelle und koordinative Fähigkeiten"
3) Roswitha Defersdorf, "Ach so geht das", S. 107
4) V. P. Vdovicenko, "Entwicklung der Schnellkrafteigenschaften bei Skispringern", Moskau, 43/1980, 1, S. 17-19

*"Das begreife ein anderer als ich"*
  Albert Lorzing 1837 in "Zar und Zimmermann"

## Außerordentlich empfehlenswert

Durch die zurückfedernden, schwingenden Übungen wird der Körper einerseits, zumindest für Sekundenbruchteile, im oberen Kulminationspunkt der Flugkurve, in einen schwerelosen Zustand versetzt. Andererseits erfolgt in der Phase des Abfederns, beim Abbremsen des Körpergewichtes, eine kurze Anspannung der gesamten Zellstruktur, so daß **alle** Körperzellen gleichermaßen davon betroffen werden.

Da verschiedene Beschleunigungskräfte gleichzeitig wirken, werden durch die kräftige Muskelanspannung alle Muskeln und Zellen im ganzen Körper beansprucht, ohne daß der Trainierende selbst bewußt die Muskeln bewegt. In keiner anderen Sportart werden auch die Muskeln aktiviert, die normalerweise mehr passiv bleiben.

Das kann jeder leicht selbst überprüfen. Wer versucht, sich beim Schwingen willentlich total zu entspannen, kann feststellen, daß sich die Muskeln trotzdem bei jeder Schwingung leicht anspannen. Das ist deutlich zu fühlen. Es ist aus reflektorischen Gründen nicht möglich, beim Trampolinschwingen wirklich total entspannt zu bleiben, obwohl subjektiv der Eindruck einer Entspannung besteht. Jede Zelle wird in der Auffangphase unwillkürlich angespannt und im oberen Scheitel der Schwingungskurve entspannt. "Tonisiert" heißt der Fachausdruck. Keine Körperzelle kann sich dieser unwillkürlichen An- und Entspannung entziehen.

Das hat weitreichende Folgen. Es bedeutet, daß bei einem Minimum an Energieaufwand, ein Maximum an Sauerstoffaufnahme möglich wird.

"Die größte Körperbeschleunigung (als Indikator für die geleistete Arbeit) ist beim Trampolinspringen bei gleichem Sauerstoffverbrauch bis zu 68 % höher als bei einem Lauftraining. Mit anderen Worten: Beim Rebounding wird mit einer gegebenen Menge Sauerstoff viel mehr geleistet, als auf einem Laufband."[1]

An dem Schaubild wird deutlich, wie gering die persönliche Anstrengung bei objektiv viel größerer Leistung ist.

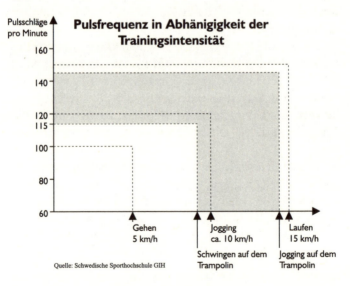

Im Klartext heißt das: Übungen auf dem Trampolin haben bei Pulsfrequenzen zwischen 120 und 140 Pulsschlägen/Minute den gleichen Effekt wie normales Laufen zwischen 10 und 14 km/h in der gleichen Zeit.[2]

Wenn man bedenkt, daß o. a. Lauftempo von der Marathon-Weltelite im Training gehalten wird, daß aber ein Trainingspuls von 120 Pulsschlägen/Minute für jeden von uns überhaupt kein Problem ist, wird deutlich, daß beim Trampolinschwingen gewaltige Stoffwechselreaktionen ablaufen, ohne daß dabei Überforderungen auftreten.

So ließ sich innerhalb eines nur achtwöchigen Trainings mit 11-Jahre-alten Kindern die maximale Sauerstoffaufnahme um 9 % (von 45 auf 49 ml/(kg*min)) steigern.[3] Das bedeutet eine erhebliche Konditionssteigerung.

Aus der Trainingslehre ist seit langem bekannt, daß eine exzentrische (gegen Widerstand bremsende) Belastung gegenüber der konzentrischen (die der normalen Zugrichtung des Muskels entsprechende) Belastung einen um 2/3 höheren Wirkungsgrad hat (siehe Schaubild).

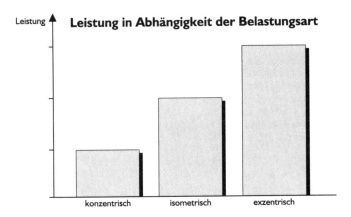

Das heißt, daß Bewegungsformen, die bremsende Belastungen abfordern, wie sie z. B. beim Bergabgehen entstehen, besonders hohe Effekte erzielen. Beim Trampolinschwingen wird gerade diese Belastungsform provoziert. Der Wirkungsgrad wird umso höher sein, je länger der Bremsweg ist. Das begründet den höheren Nutzen der weichen Trampoline.

Bei Untersuchungen der schwedischen Sporthochschule GIH mit solchen Trampolinen, stellte sich insgesamt heraus, daß die Trainingseffekte auf dem Trampolin bei gleichem Krafteinsatz (Pulsfrequenz) einer um etwa 1/3 höheren Belastung, z. B. des Laufens entspricht. Es ist mithin eine Trainingsform, die die Kondition überdurchschnittlich erhöht.

Deswegen ist auch die euphorische Aussage von Harvey Diamond, Direktor des Institutes für internationale Gesundheitssysteme, Santa Monika, Kalifornien - "Das Trampolinspringen ist wahrscheinlich das beste heutzutage verfügbare Aerobic-Training" - sehr ernst zu nehmen.[4]

Das Trampolinschwingen scheint aus dieser Sicht in der Tat außerordentlich empfehlenswert zu sein.

1) B. Reinhardt, "Die große Rückenschule", S. 201
2) Schaubild nach Schwedische Sporthochschule GIH
3) A. Bhattacharya et. al., "Body acceleration distribution an $O_2$ uptake in humans during running and jumping", J. appl. Physiol., Bethesda (Maryland) 49 (1980), 5, S. 881-887
4) Harvey Diamond, "Fit for life 2", S. 223

*"Heureka - ich hab's gefunden"*
Archimedes, als er das spezifische
Gewicht des Goldes gefunden hatte

**Phänomenales Ergebnis**

Durch die schnelle Änderung von Bewegung und Richtung wirkt das Trampolin-Training als Schwerkraft-Wechselbad für sämtliche Körperzellen. Durch den ständigen, rhythmischen Wechsel entwickelt sich eine, von der relativen Schwerelosigkeit ausgehende, progressiv zunehmende Schwerkraftverstärkung.

Dies verbessert vor allem die Zirkulation des Blut- und des genauso wichtigen Lymphstromes. Die Lymphe enthält ähnliche Bestandteile wie das Blut, nur in anderen Mengenverhältnissen. Sie hat die Aufgabe, das Zellsystem von Fremdkörpern und Fremdstoffen zu entgiften.

Sie fließt in einem den Venen parallel laufenden Gefäßsystem und mündet im Brustmilchgang wieder in den normalen Blutkreislauf. Das Lymphsystem besteht aus den Lymphknoten und den sehr feinen Lymphgefäßen, die parallel zu den Venen laufen. Die Funktion des Lymphsystems ist die Drainage von Stoffwechselprodukten und Abwehr von äußeren Eindringlingen wie Viren, Bakterien, Pilzen und Giften.

Während die Bestandteile des Blutes sich hauptsächlich aus Erythozyten (rote Blutkörperchen/Sauerstoffträger), Leukozyten (Freßzellen) und Immunglobulinen (Antikörper), sowie anderen Eiweißkörpern zusammensetzen, besteht die dickflüssigere Lymphe im wesentlichen aus Lymphozyten, den spezifischen Abwehrzellen des Immunsystems. Kurz gesagt tauscht die Lymphe Stoffe zwischen Blut und Zelle aus, führt Immunsubstanzen zu und transportiert "Schlamm" weg.

Im Unterschied zum Blutkreislauf fließt die Lymphe jedoch viel langsamer (1,5 bis 2,5 l in 24 Stunden). Dadurch, daß das Trampolinschwingen alle Muskeln aktiviert, entwickelt sich eine regelrechte Lymphdrainage. Sie beschleunigt den Lymphumlauf erheblich. Dadurch können den Zellen viel häufiger und vermehrt, neben Sauerstoff, auch zusätzliche Nährstoffe zugeführt werden.

Weil die Lymphe den Abbau von Schlacken, das Vernichten von Giften und Krankheitserregern und den Abtransport von Fremdstoffen betreibt, erhöht der gesamte Organismus seine Widerstandsfähigkeit gegen Krankheiten ganz allgemein.

Außerdem bildet und aktiviert das Zentrale Nervensystem bei moderater körperlicher Belastung zusätzliche Antikörper, die der Lymphe zugeführt und damit in die Zellen transportiert werden. Nach Klaus Rajewsky, vom Institut für Genetik in Köln, werden täglich viele Millionen neuer B-Lymphozyten (haben spezielle Verteidigungsaufgaben) aus den Stammzellen des Knochenmarks gebildet und mit der Lymphe im Körper verteilt.

Eine chinesische Studie belegt sogar, daß regelmäßig und moderat trainierende 60-jährige Männer und Frauen über rund 40 % mehr aktive T-Zellen (haben "Polizeiaufgaben") verfügten, als Kontrollpersonen ohne Training.[1]

Es gilt inzwischen als gesichert, daß starke körperliche Anstrengungen (wie übrigens starke psychische Belastungen gleichermaßen) die Immunbalance stören und das Abwehrsystem schwächen. Bei Leistungssportlern werden chronisch verminderte B-Zellen-Zahlen festgestellt.[2]

Das ist der Grund für die hohe Infektanfälligkeit von Spitzensportlern. Die Grafik zeigt, wie die Immunabwehrkraft nach einem **intensiven** Training abfällt und erst nach acht Tagen wieder normale Werte bekommt. Das Immunsystem ist eindeutig ein Streßorgan und muß sorgsam beobachtet und gepflegt werden.

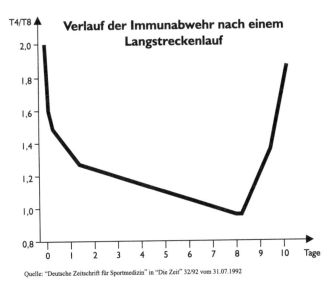

Quelle: "Deutsche Zeitschrift für Sportmedizin" in "Die Zeit" 32/92 vom 31.07.1992

Es ist dagegen bekannt, daß bei **mäßigen** körperlichen Beanspruchungen das Immunsystem geradezu aufgeweckt wird. Dabei werden die sogenannten NK-Zellen (natürliche Killerzellen) bei Überbelastungen passiv, aber bei mäßigen Belastungen regelrecht aufmerksam und aktiv. "Dosiertes körperliches Training ist als Impfung zu betrachten", erklärt dazu der Paderborner Sportmediziner Heinz Liesen auf einem Kongreß.[3]

Durch das Hüpftraining wird das neuromuskuläre System (darunter fällt der Lymph-Kreislauf) so angeregt, wie es durch kein anderes Training erreicht werden kann.[4]

Albert E. Carter, Präsident des Nationalen Institutes für "Rebounding and Health" in den USA erklärt: "Die neuromuskuläre Anregung durch Trampolin-Training grenzt ans Phänomenale."[5]

Trampolinschwingen erhöht also nicht nur die Kondition und steigert das Wohlbefinden, es leistet auch einen bedeutenden Beitrag zur Immunstabilität.

1) Dipl. Biol. Klaus Wilhelm in "GEO-Wissen" 1.5.1994, S. 107
2) Prof. Dr. A. Berg in "Der Internist" 3/92, S. 176
3) "Bild am Sonntag" 17.1.1993
4) Harvey Diamond, "Fit for life 2", S. 223
5) Harvey Diamond, "Fit for life 2", S. 222

*"Wie lange hinket ihr auf beiden Seiten?"*
                                Die Bibel, 1. Könige 18, 21


## Die Bandscheibenproblematik


Menschen mit lädierten Bandscheiben und anderen Rückenbeschwerden haben bis vor kurzer Zeit noch absolute Schonung verordnet bekommen. Erst langsam setzt sich die Erkenntnis durch, daß nur ein leistungsfähiges Stützmuskelsystem eine wirksame Entlastung und Entspannung und damit Schmerzfreiheit der Wirbelsäule garantiert.

Jan Hildebrand postuliert drastisch: "18 Millionen Deutsche leiden unter Rückenschmerzen. Die traditionelle Behandlung ist falsch, da dadurch die Rückenschmerzen begünstigt werden. Ruhe, Schonhaltungen und physikalische Anwendungen führen zur Abnahme der körperlichen Leistungsfähigkeit. Wer Rückenbeschwerden hat, rein in die Folterkammer!"[1] Er meint damit, ein gezieltes Muskeltraining zu beginnen.

Jedem, der davon betroffen ist, sträuben sich die Haare, weil zusätzliche Schmerzen nicht ganz zu Unrecht befürchtet werden. Unter Schmerzen Muskeln aufbauen zu wollen, verbietet sich grundsätzlich. Der menschliche Organismus optimiert seine Leistungsgewinne am stärksten, wenn er sich wohl fühlt.

Genau das aber ist beim Trampolinschwingen möglich. Jetzt wird auch deutlich, weshalb hier immer wieder vom Trampolin**schwingen** und weniger vom Trampolin**springen** geredet wird. Es ist die viel sanftere Form der muskulären Be- und Entlastung.

Leistungsorientierte Trampolinturner klagen oft über Rückenschmerzen, wenn die Trampoline nicht die trainingsübliche Elastizität aufweisen. "Bei Sprüngen auf härteren Geräten ergibt sich eine höhere Belastung des menschlichen Bewegungsapparates, insbesondere der Wirbelsäule", schreibt dazu Hartmut Riehle.[2]

Im Falle der Bandscheibenbelastung bietet sich mit dem Trampolinschwingen die ideale Trainingsform an. Die Wirbelsäule kann fast nicht unphysiologisch belastet werden, weil sie gewissermaßen zwangsweise senkrecht gehalten werden muß. Der Trainierende würde sonst die Balance verlieren und vom Trampolin fallen. Und für den Menschen ist die lotrechte Haltung die physiologisch günstigste.

Dr. med. Hans Schechinger, Arzt für Orthopädie und Sportmedizin in Köln, schreibt in einem Gutachten: "Das

Trampolinschwingen auf **weichen(!)** Trampolinen ist besonders bei Lumbal-Beschwerde-Patienten (Rückenbeschwerden) wesentlich schonender als eine Belastung beim Gehen. Beim Schwingen am Ort wird zu einer sanften Be- und Entlastung der Bandscheiben mit senkrechter Wirbelsäule erzogen und durch den tonisierenden Effekt eine auffallende Durchblutungsförderung bewirkt. Das kann nur gesundheitsförderlich sein. Anmerkung für die Therapeuten: Es gibt so gut wie keinen Schwergewichtsheber mit Bandscheibenproblemen, weil sie sich mit gerader Wirbelsäule belasten!"[3]

Die Bandscheibe hat keine direkt zuführenden Versorgungsleitungen. Sie ist auf die Ernährung durch Diffusion, d.h. durch Flüssigkeitsinfiltration auf dem Wege von Be- und Entlastung, angewiesen. Wenn man sich die Bandscheibe als einen zu 95 % aus Flüssigkeit bestehenden Knorpel-Faserring vorstellt, dann leuchtet ein, daß eine sanfte Beanspruchung genau im Zentrum der Bandscheibe von oben und unten die einzige Form ist, die eine schonend belastende und aufbauende Wirkung hat.

Deshalb ist diese Trainingsform auch und gerade für Rückenbeschwerde-Patienten zu empfehlen.

1) Prof. Dr. med. Jan Hildebrand, Uni Göttingen, in der "Kölner Rundschau" vom 24.08.1990
2) Hartmut Riehle, "Die Biomechanik der Wirbelsäule beim Trampolinspringen" 1979, S. 16
3) Dr. med. Hans Schechinger in einem Gutachten für das Vital-Trainings-Management Köln, am 21.12.1992

*"Ihm wird so angst und bange werden"*
Die Bibel, Jeremia 50, 43

## Walkende Bewegung

Die alarmierendsten Gesundheitseinbußen erleben wir z.Zt. bei den Gelenken. Es gibt kaum noch einen Menschen bei uns, der nicht im Laufe seines Lebens von arthrotischen Veränderungen seiner Gelenke betroffen ist. Prof. Dr. Wood konstatiert, daß im Alter von 65 Jahren praktisch niemand mehr von der Arthrose verschont bleibt.[1]

Wichtigster Faktor ist, neben dem Bewegungsmangel, die unphysiologische Belastung. Entscheidend ist nicht die Höhe der Gesamtbelastung, sondern der auftretende Druck per Knorpelflächeneinheit.

Er summiert sich, wie schon vorher beschrieben, beim einbeinigen Stehen auf das 3,5-fache. Das sind bei 80 kg Körpergewicht schon 280 kg Last auf der Hüfte, die nur über 9 cm$^2$ belastbare Gesamtgelenksfläche verfügt.

Das Hüftgelenk ist sowieso eines der am stärksten belasteten Gelenke. Bei jedem Treppensteigen muß es für Bruchteile von Sekunden das Fünffache des Körpergewichtes tragen. Entsprechend häufig bricht der Oberschenkelhals - vor allem im Alter, wenn die Knochen porös und die Gelenke steif geworden sind.[2] Wenn nicht zusätzliche knorpelaufbauende Bewegungen dazukommen, kann eine schwache Knorpelmatrix schnell zerstört werden.

Die Zahlen sprechen für sich. Während schon 1993 jährlich 90.000 Endoprothesen-Operationen (künstliche Hüftgelenke) erfolgten, werden es fünf Jahre später bereits doppelt so viele sein.[3]

Knie- und Fußgelenksarthrosen sind inzwischen Allerweltskrankheiten. Es ist geradezu kurios, daß wir heute auf der einen Seite auf den Mond fliegen können und in der Lage sind, Herz, Lunge und Leber gleichzeitig zu transplantieren, aber andererseits verlorengegangene Knorpel nicht wieder zurückgewinnen können. Deshalb hier ein paar Worte zum Knorpelaufbau und zu seiner Versorgung.

Die Knorpelmatrix ist die Puffer- und Gleitsubstanz (Legierung) in den Gelenken. Sie fängt Stöße von Knochen zu Knochen ab und ermöglicht deren reibungsloses Zusammenwirken. Sie haftet auf den Knochen und kann bis zu 6 mm stark werden.

Es gibt keine direkten Versorgungsleitungen in das Knorpelgewebe. Es muß, genau wie die Bandscheiben, durch die umgebende Flüssigkeit (Synovialflüssigkeit) auf dem Wege der Diffusion mit Sauerstoff und Substraten ernährt werden. Den Vorgang dazu nennt man Synovialkreislauf.

Gelenkflüssigkeit und Knorpel weisen ausgeprägte wechselseitige Beziehungen auf. Bewegung ist das auslösende Moment, der Motor des Kreislaufes. Bleiben die Bewegungsreize aus, trocknet das Gelenk aus, die Oberfläche rauht auf und der Knorpel wird zerstört.

Günstige gelenkerhaltende Reize sind dagegen "mahlende Drehdruck-Bewegungen", die zu "rollender Reibung" führen. Dauerdruck ist aber unbedingt zu vermeiden. Beispiele für solche Bewegungsarten sind:

Kraftausdauertraining mit hochelastischem Material (Elastikbänder oder -Seile)
Radfahren in der Ebene mit hoher Drehzahl
Joggeln (statt Joggen)
Aqua-Walking und Aqua-Joggeln
Trampolinschwingen auf weichen Trampolinen

Die "walkende" sanfte und rhythmisch abwechselnde Be- und Entlastung des Trampolin-Schwingens bewirkt in besonderer Weise die Versorgung des Knorpels, weil sie dadurch die Eindringtiefe der Synovien (bis zu 6 mm) erhöht.

Außerdem wird der Druck pro Knorpelflächeneinheit, der sich z.B. beim Laufen bis zum Vierfachen des normalen Gelenkpfannendruckes erhöhen kann, angenehm reduziert, weil das Körpergewicht durch die elastische Matte schonend abgefangen wird. Ein Hüftarthrotiker erlebt weniger Schmerzen, wenn er sich auf dem Trampolin bewegt.

Und man merkt erst, wie hart die Welt ist, wenn man vom weichen Trampolin absteigt...

1) Prof. Dr. Wood in "Gesundheitssport und Sporttherapie" 1/93, S. 11
2) "Focus" 11/93, S. 86+87
3) Prof. Dr. Lutz Jani, Mannheim, in "Focus" 11/93, S. 88

*"Ach, wenn es doch immer so bliebe"*
  Kotzebue, 6. Mai 1802 in "Trost beim Scheiden"


**Nicht von heut´ auf morgen**

Schwingen auf dem Trampolin ist geeignet, überflüssiges Körperfett zu verbrennen. Gerade weil die dosierte Belastung nur eine mäßige Intensität erreicht, werden fettverzehrende Fermente überhaupt erst gebildet. Bei bewegungsarmen Menschen sind sie nur in unzureichender Menge vorhanden.

Bei anstrengender Belastung unterbleibt die Fettverbrennung deswegen, weil der Organismus dann immer zuerst auf die schnell verfügbaren Kohlehydrat-Reserven zurückgreift. Die Fettanteile bleiben unberührt.

Durch die wegen des Tonisierungseffektes zusätzlich erheblich beschleunigte Stoffwechselreaktion werden dagegen vermehrt Fettsubstanzen abgebaut und so das Gewicht allmählich reduziert. Natürlich geht das nicht von heut´auf morgen. Fettzellen haben nämlich die Eigenschaft, ihre Größe zu verändern. So dauert es lange, bis sie sich im Umpfang verkleinern und abbauen lassen.

Aber es ist ohnehin eine alte Regel, daß eine schnelle Gewichtsabnahme ebenso schnell wieder rückgängig gemacht ist und eine langfristige Gewichtsabnahme eher die Gewähr bietet, eine anhaltende Änderung zu bringen.

Eine weitere Auswirkung des schwingenden Trainings, ist die Aktivierung der Verdauungsorgane. Die Peristaltik (Darmmuskulatur) wird, da sie auf äußere Bewegungsreize angewiesen ist, von selbst in Bewegung gesetzt und zum Durchmassieren des Stuhls im Darm angeregt. Die Verdauungszeit wird verkürzt, der Darm entlastet, was auch für den gesamten Energiehaushalt von entscheidender Bedeutung ist. Die Verdauung verbraucht enorm viel Energie. Eine lesenswerte Abhandlung darüber findet man in Harvey Diamonds "Fit for life".

Da die bakterielle Darmflora aus heutiger Sicht die wichtigste Unterstützung für das körperliche Abwehrsystem bildet, gebührt diesem Thema unsere besondere Aufmerksamkeit. Es geht dabei nicht nur um die Aufnahme von Vollwertprodukten, Obst und Gemüse, sondern hauptsächlich um Bewegung.[1]

Schließlich wird durch die rhythmische Bewegung der Körperfettanteil sozusagen verschoben. Die ganze Figur wird gestrafft. Man nennt das auch "Bodyshaping".

---

1) Dipl. Sp. L. Sabine Pfeifer in "Herz-Sport und Gesundheit" 5/93, S. 7

*"Das Beste ist gerade gut genug"*
  Goethe, 3. März 1787 in "Italienische Reise"


## Überraschende Gewinne

Schwedische Sportmediziner, die schon lange mit weichen Minitrampolinen arbeiten, bestätigen, daß die Gesundheitsgewinne unglaublich vielfältig sind. Sie sagen, daß dieses Training

das Lymphsystem anregt
die Sauerstoffaufnahme im Gesamtorganismus erhöht
das Herz stärkt
den Stoffwechsel beschleunigt
die Verdauung und Ausscheidung beschleunigt
Muskeln bildet (besonders Unterstützungsmuskulatur)
schlechtes Sehen korrigiert
die Koordinationsfähigkeit erhöht
den Gleichgewichtssinn sensibilisiert
die Körperhaltung verbessert
die Gelenke stärkt
die Flexibilität von Hals, Rücken, Hüfte, Knien und Knöcheln fördert

In Göteborg hat man mit Querschnittsverletzten mit sitzenden Übungen auf Trampolinen eindeutige Verbesserungen der Nervenleitbahnen ermittelt. Uns selbst erreichen oft die erstaunlichsten Berichte von therapeutischen Erfolgen durch das Trampolin-Schwingen.

Eine Patientin, deren Schließmuskel bei einer Operation versehentlich durchtrennt worden ist und die jahrelang Probleme mit Stuhlentleerungen hatte, berichtet, daß der Muskel nach regelmäßigem Trampolin-Schwingen völlig normal arbeitet.

Eine andere, die nach einem Beckenbodenriß nur noch mit Stützkorsett leben kann und keinerlei Sport mehr betreiben dürfte, erklärt, daß sie ein neues Lebensgefühl durch das Trampolin-Schwingen erlebt.

Ich kann selbst von mir aus bestätigen, daß sich gelegentlich auftretende schmerzhafte Rückenverspannungen durch lockeres fünfzehnminütiges Trampolin-Schwingen beheben lassen.

Es ist also im wahrsten Sinne des Wortes ein Rundum-Training. Ein Faktum, das bei allen Aufzählungen oft vergessen wird, ist der Gesichtspunkt des subjektiven Wohlbefindens. Es gibt wohl so schnell kein anderes Hilfsmittel, das in so kurzer Nutzungszeit, wie z.B. nur einer Minute, einen so starken Erfrischungseffekt erzielt, wie ihn das Trampolin bietet.

Wenn bedacht wird, daß dieses Training sozusagen im Nachthemd noch im Schlafzimmer ohne großen Zeitaufwand möglich ist, dann zählt dies zu den großen Hoffnungen, gerade für solche Menschen, die Mühe haben, sich überhaupt zu einem Bewegungstraining aufzuraffen.

Bereits ein Fünfminuten-Training auf dem Trampolin entspricht der Sauerstoffaufnahme, die nach einem 3.000-

m-Lauf gemessen wird. Schon zehn Minuten täglich reichen aus, um die Körperkondition zu verbessern.[2]

Es ist damit eine empfehlenswerte Hilfe zur Verbesserung der Kondition, unabhängig von der jeweiligen Grundverfassung. Menschen aller Altersgruppen können das Trampolin-Training gleichermaßen beginnen und nutzen.

1) Dr. Rentström und Dr. Peterson, Göteborg, Schwedische Sporthochschule GIH
2) Dr. Rentström und Dr. Peterson, Göteborg, Schwedische Sporthochschule GIH

*"Wer gar zu viel bedenkt, wird wenig leisten"*
                    Friedrich von Schiller in "Wilhelm Tell" III, I


**Der Erinnerungseffekt**


Schließlich ist es möglich, sich durch das Trampolin-Schwingen in allerkürzester Zeit mental und körperlich zu entspannen. Das liegt zum Teil an dem Erinnerungseffekt, im Mutterleib und in der Wiege mit einem ähnlichen Rhythmus geschaukelt worden zu sein. Reflexartig wird das Schaukeln mit Wärme und ruhigem Herzschlag verbunden. Sofortige Entspannung stellt sich ein.

Das läßt sich am eigenen Pulsschlag überprüfen, der auch aus diesem Grund sofort deutlich langsamer als bei vergleichbaren Anstrengungen schlägt. Die Entspannungswirkung liegt zum anderen daran, daß die Zwerchfellmuskulatur angeregt wird und damit zu einer tieferen und entspannten Atmung führt.

In Verbindung mit entsprechender Entspannungsmusik kann hier - besonders für die Problemzonen der Hals-, Nacken- und Schultermuskulatur - eine rasche Lockerung und Verbesserung der Durchblutung erzielt werden.

Bewußtes Fallenlassen der Schultern während des Abwärtsschwingens lockert, entspannt und entmüdet. Zwei, drei Minuten haben bereits einen spürbaren Effekt.

Und während man bei anderen Entspannungsmethoden bestimmte Voraussetzungen erfüllen muß (bewußtes An- und Entspannen, Ein- und Ausatmen etc.), stellt sich die Entspannung auf dem Trampolin quasi von selbst ein. Man muß nur anfangen einfach loszuschwingen.

Besonders wirksam erweist sich das Trampolin-Schwingen bei Körper-Verspannungen in der tiefen Nakken- und Rückenmuskulatur, wo auch durch intensive Massagen nur schwer Entlastungen zu erreichen sind. Durch die schon mehrfach beschriebene unwillkürliche, sanfte An- und Entspannung kann sich die verspannte Muskulatur nach und nach lösen. Die Erfahrung zeigt, daß bereits ein 10 bis 15 Minuten dauerndes, gehendes oder beidbeiniges Trampolin-Schwingen zur Schmerzfreiheit führt.

# Teil II
# Praktisches Training

## Vor dem Training auf dem Trampolin

**Wichtig!** Bitte lesen Sie **vor dem Gebrauch** des Trampolins die Sicherheits-Hinweise zum Training auf dem Mini-Trampolin komplett durch!

Wenn Sie schwanger sind, über 50 Jahre alt sind, bereits Probleme mit dem Rücken oder Gelenken haben, unter einem schlechten Kreislauf oder Arthrose leiden, dann sprechen Sie den Gebrauch des Medi-Swings bitte mit Ihrem Arzt ab.

Achten Sie auf einen sicheren Stand des Trampolins. Es darf nicht wackeln oder verrutschen! Auf sehr glatten Böden (Parkett, Fliesen...) empfehlen wir für eine bessere Standsicherheit zusätzliche Gummifüße.

Überprüfen Sie vor jedem Training, ob alle Beine fest sitzen!

Vorsicht beim Training auf dem Trampolin mit Strümpfen oder Schuhen! Prüfen Sie vorher, ob Ihre Fußbekleidung rutschsicher auf der Matte ist.

Springen Sie nicht vom Boden auf das Trampolin, sondern steigen Sie behutsam darauf! (Sturzgefahr)

Im Zimmer auf die Deckenhöhe achten. Springen Sie nicht zu kräftig in die Höhe!

Passen Sie die Trainingsintensität und den Schwierigkeitsgrad der Übungen bitte immer der eigenen Leistungsfähigkeit an. Überfordern Sie sich nicht!

**Vorsicht:** Bei den ersten Übungen kann es anfangs eventuell zu Schwindelgefühlen kommen, bis sich der Körper an das Schwingen gewöhnt hat.

Beim Training im Freien auf eine trockene Matte achten. Auf einer nassen Matte kann man leicht ausrutschen und stürzen!

Lassen Sie Kinder nicht unbeaufsichtigt auf dem Trampolin springen. Sie könnten gefährliche "Kunststücke" probieren.

**Saltosprünge und ähnliche Übungen sind äußerst gefährlich** und können zu schwersten Verletzungen bis hin zu Querschnittslähmung und Tod führen! Bitte probieren Sie solche Kunststücke niemals aus!

Am Ende des Trainings niemals vom Trampolin abspringen! Immer behutsam absteigen! (Verletzungsgefahr)

**Machen Sie alle Benutzer des Trampolins vor dem Gebrauch auf diese Sicherheitshinweise aufmerksam!**

# Grundsätzliches

## 1. Sicherheitshinweise

a) Das Balancehalten

Niemals auf das Trampolin aufspringen, immer vorsichtig aufsteigen! (Sturzgefahr)
Am Anfang das Trampolin an einer Wand aufstellen. Sich mit einer Hand an der Wand abstützen.
Später mit leicht abgespreizten Armen ohne Wandkontakt balancieren.

b) Die Haltung

Die Grundhaltung ist die leichte Seitgrätschstellung.
Die Fußspitzen werden dabei leicht nach innen gedreht.
Der Kopf wird gerade gehalten (lotrechte Wirbelsäule).
Die Arme werden zur Balance leicht abgewinkelt.

c) Das Einschwingen

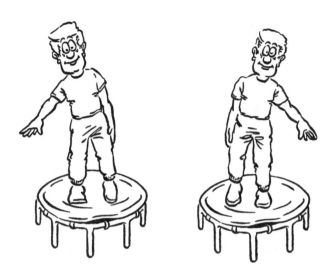

Grundsätzlich langsam mit dem Einschwingen beginnen.
Danach versuchen, das Gewicht abwechselnd von einem auf den anderen Fuß zu verlagern, um das Gleichgewichtsgefühl zu verbessern.
Allmählich die Schwingungsintensität erhöhen, jedoch dabei Mattenkontakt behalten.
Je nach Kondition und Leistungsvermögen können danach auch Schwünge, ggf. auch Sprünge ohne Mattenkontakt ausgeführt werden. Steigern Sie die Intensität bitte langsam und achten Sie darauf, daß Sie nicht bis zum Fußboden durchschwingen.

d) Das Beenden (gilt für alle grundsätzlich!)

Bevor das Trampolin verlassen wird, Tempo drosseln,
zum Stillstand kommen und
absteigen - niemals abspringen!!! (Schock- und Sturzgefahr.)

## 2. Allgemeine Hinweise

a) Musikalische Begleitung

Musik ist sehr hilfreich. Sie unterstützt durch ihren jeweiligen Rhythmus die natürlichen Anlagen des Übenden.
Sie kann als Konditionsaufforderung frisch und schwungvoll sein.
Sie soll als Entspannungsmusik tempoverzögernd

b) Lüftung (Sauerstoffversorgung)

Das Trampolin in Fensternähe aufstellen.
Besser noch im Garten oder auf dem Balkon.

**Vorübungen**

a) Trampolinschwingen (1 Minute)

Beidbeiniges Schwingen auf dem Trampolin.
Laufen auf der Stelle.
Variationsübungen nach eigener Wahl.

b) Trockenübung ohne Trampolin auf dem Boden
   (1 Minute) (Nicht zu empfehlen für Rücken- und
   Arthrosepatienten!)

Beidbeiniges Schwingen am Ort.
Laufen auf der Stelle.
Variationsübungen
Erfahrung, daß die gleichen Übungen auf dem Trampolin viel leichter und angenehmer, auf dem "harten Boden" dagegen als unangenehm empfunden werden.

**Trainingsprogramm**

**1. Aufwärmphase**

a) Fersenbetontes Schwingen:

Die Ferse wird abwechselnd in die Schwingmatte gedrückt. Dabei wird die Achillessehne gedehnt, die Balance verbessert und die Wirbelsäule gelockert.

b) Schwingendes Gehen:

Walkendes Gehen auf der Schwingmatte bewirkt Aufbau und Ernährung der Knorpelmatrix und Bandscheiben.

c) Schwingendes Gehen mit doppeltem Abdruck auf jedem Bein (Rhythmus-Gehen, "Samba-Swing"):

Durch doppeltes Wippen wird der walkende Effekt verstärkt. Es ermöglicht das Rhythmushalten bei zu schneller Musik.

d) Entspannungsschwingen:

Beidbeiniges Schwingen mit Mattenkontakt und bewußtem Fallenlassen der Schultern bewirkt Entmüdung, Entspannung, bei gleichzeitiger Aktivierung der Peristaltik (Darmmuskulatur).

## 2. Laufübungen

a) Schwingendes Laufen (Mattenkontakt wird für Sekundenbruchteile aufgegeben):

Stärkt das Herz-Kreislauf-System, aktiviert die Unterstützungsmuskulatur.

b) Schwingendes Laufen mit Armeinsatz:

Hat intensiven Herz-Kreislauf-Effekt, schult die Koordinationsfähigkeit.

c) Laufen mit abwechselnden Skippings:

(Skippings = abwechselndes Anziehen der Knie zur Brust) Hochintensives Herz-Kreislauf-Training mit Bauch- und Hüftbeugemuskulatur-Stärkung.

## 3. Schwungübungen

a) Beidbeiniges Schwingen mit parallelgestellten Füßen und Mattenkontakt:

Schonende Gesamtbelastung mit Bauchmuskulaturstärkung und Bandscheiben-Massage.

b) Beidbeiniges Schwingen mit parallelgestellten Füßen und leichtem Abheben von der Matte:

(Abheben bis 5 cm) Verstärkte Gesamtbelastung und Bauchmuskeltraining.

c) Beidbeiniges Schwingen mit höherem Abheben von der Matte:

(Abheben 5 bis 15 cm) Hochintensive Gesamtbelastung und Bauchmuskeltraining (nicht geeignet für Bandscheibenproblemfälle).

### 4. Variationsübungen
(Zur Stärkung der Fuß-, Gesäß- und Rückenmuskulatur)

a) Wedelschwingen (um Mittelsenkrechte) mit parallelgestellten Füßen:

Bewirkt Wirbelsäulengymnastik und Rhythmusschulung. Hat hohen Herz-Kreislauf-Effekt.

b) Wechselschwünge vor und zurück (Skilanglauf-
übung:

Verbessert die Koordination und Balance, stärkt
Bein- und Oberschenkelmuskulatur, fördert die
Unterstützungsmuskulatur.

c) Schrittwechsel seitwärts (traversal-übergreifend):

Verbessert die Koordination und Balance, stärkt Bein- und Oberschenkelmuskulatur, fördert die Unterstützungsmuskulatur.

d) Einbeiniges Schwingen:

Stärkt Balancesicherheit, aktiviert Unterstützungsmuskulatur.

## 5. Variationsübungen
(unter Einbeziehung der Oberkörpermuskulatur)

a) Hände vor- und seitwärts schieben, bei gleichzeitigem Auf- und Abschwingen:

Stärkt zusätzlich die Arm- und Schultermuskulatur, das Herz-Kreislauf-System und die Schulterbeweglichkeit.

b) Arme heben und senken:

Stärkt zusätzlich die Arm- und Schultermuskulatur, das Herz-Kreislauf-System und die Schulterbeweglichkeit.

c) Hampelmann:

Ist je nach Intensität ein hochwirksames Herz-Kreislauf-Training, verbessert Arm- und Schulterbeweglichkeit.

## 6. Variationsübungen
(mit Zusatzgeräten)

a) Schwingendes Gehen mit Kleinhanteln:

Ist neben einem intensiven Herz-Kreislauf-Training auch muskelbildend für den gesamten Oberkörper.

b) Kombiniertes Schwingen oder Gehen mit Ziehen eines Elastikbandes (Lifeline):

Ist ein hochintensives Herz-Kreislauf-Training mit gleichzeitiger Muskelbildung und extremer Koordinationsförderung.

c) Kombiniertes Schwingen oder Gehen mit Drücken eines Elastikbandes (Lifeline):

Gleiche Wirkungen wie bei der vorherigen Übung.

## Bezugsquellen

Hochelastische Trampoline (Medi-Swing®) und
Gymnastik-Bänder (Lifeline) sind erhältlich bei:

Vivavital GbR mbH
Frankfurter Str. 243
D-51147 Köln-Wahn
Tel.: 0 22 03/96 24 74   oder  0 22 03/6 88 00
Fax: 0 22 03/96 24 76   oder  0 22 03/6 80 89
e-mail: Vivavital@aol.com

oder bei:

Vitamobil
Jahnhöhe 3
D-23701 Eutin
Tel. 0 45 21/70 10 -0
Fax 0 45 21/70 10 99

Weitere Bücher:

"Keine Zeit und trotzdem fit", Gert von Kunhardt
"Jetzt schaffe ich´s", Marlen von Kunhardt
"Gut geht´s mir", Gert von Kunhardt
"Das Minutentraining", Gert u. Marlen v. Kunhardt

sind im Buchhandel erhältlich